# Klänge

# Lateinamerikas

# Siggi Sawall

# *Klänge Lateinamerikas*

Bibliografische Information der Deutschen Nationalbibliothek:
Die Deutsche Nationalbibliothek verzeichnet diese Publikation in
der Deutschen Nationalbibliografie; detaillierte bibliografische Daten
sind im Internet über http://dnb.d-nb.de abrufbar.

Lektorat, Redaktion: Peter Fichte
Layout, Covergestaltung: Véronique Griechen

Herstellung und Verlag: Books on Demand, Norderstedt

ISBN: 978-3-7519-5540-9

# Inhaltsverzeichnis

# *Vorwort*

Als Lateinamerika bezeichnet man Länder in Mittelamerika, die Spanisch oder Portugiesisch sprechen. Sprachen, die aus dem Lateinischen kommen, der Sprache der alten Römer.
Die Menschen werden auch Latinos genannt.

Der Klang Lateinamerikas ist vielfältig und weit verbreitet.

Dieses Buch umfasst Mexiko, Guatemala, Honduras, Nicaragua, Panama, Ecuador und die Galapagosinseln.

Als Kolumbus und die Spanier dieses Gebiet eroberten, waren schon Völker aus Asien hier.
Sie passten ihre Kultur den Gegebenheiten an, verfeinerten sie und lebten in dieser Kultur.

Neben anderen asiatischen Stämmen war hier vor allem das Volk der Maya in großer Zahl.

Als einziges altamerikanisches Volk entwickelten die Mayas eine eigene Schrift und erstellten eine Zeitrechnung in Form eines Kalenders.
Sie bauten Tempel in Pyramidenform.

Die Maya hatten ihre Blütezeit zwischen 300 und 800 nach Christi (n.Chr.).

Eine geheimnisvolle Welt entwickelte sich.

Die Nachfahren der Mayas sind die Azteken.
Sie sind Mischlinge zwischen Mayas und anderen Bevölkerungsgruppen.

Vom musikfreudigen Mexiko bis hin nach Panama und weiter nach Ecuador und den Galapagosinseln.

Der Galapagos-Archipel mit einer besonderen Tier- und Pflanzenwelt.
Wohin man auch auf Galapagos schaut sind Tiere, die nicht weglaufen und keine Angst haben.

Wohin man auch schaut, alles robbt oder watschelt.

Als wähnte man sich auf einem anderen Planeten.

Galapagos – das Schaufenster in die Evolution?

# *Mexiko: Musik – Musik – Musik*

Ein Volk voller Lebensfreude.

Beim Anflug auf Mexico-City ein schier überwältigendes Häusermeer. Eine Riesenstadt, die neugierig macht.

Autos und Busse kreuz und quer.
Autos, die blinken, ohne abzubiegen - oder sie biegen ab, ohne zu blinken.

Busse, meist überfüllt.
Marode Busse, reine Klapperkisten.
Aber auch intakte Busse.

Menschenmassen und Polizisten in dunklen Uniformen, die pausenlos trillern.
Trillerpfeifen, die sie gar nicht erst aus dem Mund nehmen.

Taxis über Taxis in Gelb.
VW-Käfer, die eine Besonderheit haben: der Sitzplatz neben dem Fahrer fehlt.
Er ist ein Abstellplatz für Gepäck, denn bekanntlich ist der Kofferraum klein.

Auf den Straßen herrscht ein überaus reger Verkehr.

Alternativ und schneller kann man mit der U-Bahn sein.
Sie wurde von den Franzosen gebaut, die ihre Erfahrungen von der Metro in Paris mitbrachten.
Wie in Paris ist die U-Bahn gummibereift und dadurch erheblich leiser als andere U-Bahnen.

Um einen groben Überblick über die Zehnmillionen-Stadt zu gewinnen, fahre ich ins 43. Stockwerk des „Torre Latinoamericana"-Hochhauses und schaue auf die Riesenstadt, die sich über 2.000 Quadratkilometer (qkm) erstreckt.

Welch ein gigantischer Blick auf die Hauptstadt Mexico-City, die in rund 2.300 Meter Höhe liegt.

Der Blick auf die längste Ortsstraße der Welt, die „Avenida de los Insurgentes" (Spanisch: Allee der Aufständischen), kurz „Insurgentes". Sie ist die längste Hauptstraße von Mexiko-Stadt und gilt mit einer Gesamtlänge von 28,8 Kilometer entlang der Nord-Süd-Achse als längste Ortsstraße der Welt.

Der Blick direkt nach unten ist die Sicht auf einen Palast mit glitzernder Bronze-Kuppel.
Es ist der „Palast der Schönen Künste".
Die Außenwände bestehen aus weißem Marmor.

Im Palast finden künstlerische Musikveranstaltungen, Tänze und Theater statt.
Natürlich sind auch die Literaten vertreten.

Draußen herrlicher Sonnenschein und kleine Musikgruppen, die temperamentvolle Rhythmen spielen. Rhythmen, die die Seele erfrischen.

Eine Musikkapelle aus 13 Musikern auf der „Plaza Garibaldi" sind die berühmten Mariachi.

Sie fallen nicht nur durch ihre Musik auf.

Auch ihr Äußeres ist auffallend.

Ihre großen Hüte sind fast so breit wie Wagenräder von Heuwagen.

Schwarze Anzüge mit silbernen Knöpfen und weiße Hemden.

Man könnte sie für Folkloregruppen halten, aber dem ist nicht so.

Folkloregruppen sind in den Provinzen anzutreffen.

Wo auch immer Menschenansammlungen im Anmarsch sind, „schmettern" sie mit ihren Musikinstrumenten los.

Eine Stimmung, die überschwappt und Fremde genauso wie Einheimische erfasst.

Tanzschritte, nach denen man sich bewegt.

Die Mariachi und andere kleine Musikgruppen leben in erster Linie vom Trinkgeld.

Die Mariachi spielen auch gegen Honorar auf Hochzeiten.

Wo auch immer in der Stadt Musikgruppen auftreten, entsteht schnell der Eindruck eines Volksfestes.

Kleine Gruppen, bestehend aus vier Musikern: ein Trompeter, ein Paukenschläger, ein Gitarrenspieler und ein Akkordeonspieler.

Schon kann die Fiesta beginnen.

Und da, wo Stimmung und Menschen sind, tauchen auch bald die Händler auf.

Tiefe Frömmigkeit und Lebenslust bei Musik stehen nicht im Gegensatz.
Erlebt habe ich das zum Beispiel auf dem Platz vor der Basilika.
Eine über 100 Meter lange Schlange von Gläubigen, vor allem Frauen, kriechen zur Musik auf Knien zur berühmten Schwarzen Madonna.
Schaut man auf die Basilika, ist sie weitgestreckt.
Beim genauen Hinsehen sieht man zwei Kirchen, die eine tieferliegend, „angelehnt" an die andere, als müssten sie sich stützen.

Auf dem Platz davor Trubel und Heiterkeit.
Das ist eben die mexikanische Seele.

Beim Passieren einer Straße eine Reihe Schuhputzer, Kinder und Erwachsene. Ihr Blick wirkt „versteinert", gerichtet auf das Schuhwerk der Vorbeigehenden. Jeder Peso zählt!

Lebendiger und bunter geht es freitags auf dem Indio-Markt zu.
Ein Gemisch vieler Indianer, Spanier, Farbiger, usw.

So lustig und lebensbejahend die Menschen hier sein mögen:
Es gibt auch die Kehrseite, wenn unter ihren Füßen plötzlich die Erde zu zittern beginnt. Jeder weiß, was folgen kann, nämlich ein Erdbeben oder Vulkanausbruch.
Mexico-City liegt in einem Erdbebengebiet.

Im Jahre 1985 bebte etwa 400 Kilometer von der Hauptstadt entfernt die Erde so stark, dass in der Hauptstadt bis zu 45.000 Menschen getötet wurden. An 2.800 Gebäuden entstanden Schäden, 880 Häuser wurden zerstört.

Der Vulkan Popocatépetl (5.452 Meter, kurz „Popo") explodierte, eine drei Kilometer hohe Rauchwolke stieg in die Luft und fiel als Ascheregen nieder. Kurz: „Der Popo rauchte."
Sein Name kommt aus dem Aztekischen und bedeutet „Rauchender Berg".


## Mexiko – abenteuerlich und spannend

Unterwegs mit einem einheimischen Kleinbus und Mexikanern. Allein das ist schon spannend genug.
Kreuz und quer durch ein Land voller Überraschungen.
Nicht wissen, was auf einen zukommt ...

Der Passagierverkehr in Mexiko erfolgt durch einheimische Busgesellschaften und nicht durch die Eisenbahn.

Auf dem Weg nach Acapulco.

Der Fahrer legt ein Tempo vor, als ginge es um ein Autorennen. Zwar zeigen Verbotsschilder die zulässige Höchstgeschwindigkeit von 110 Kilometer in der Stunde (km/h) an, aber solche Gebote werden nicht nur von unserem Fahrer missachtet.
Niemand hält sich daran.

# Acapulco und die weltberühmten Klippenspringer

„Todessprünge" von einer Klippe aus 45 Meter Höhe in das Meer, das an dieser Stelle nur vier Meter tief sein soll.
Brisant ist, dass der Springer eine anrollende Welle berechnen und nutzen muss, um nicht auf den Grund zu schlagen.
Das ist sehr schwierig, denn der Sprung 45 Meter in die Tiefe dauert drei Sekunden.

Zudem muss der Springer auch die Seitenwinde mit einbeziehen.

Den Segen Gottes holt sich der Springer bei einer nahegelegenen Madonnenfigur.

Ist der Sprung gelungen, kann man sich vorstellen, welche Last von ihm abfällt, welch eine „innere Befreiung" vor sich geht.

Der Applaus ist groß, das Trinkgeld relativ klein.

Aber es gibt mit dem Nachtsprung eine Steigerung!
Mit einer brennenden Fackel in der Hand „hechtet" der Springer in die Luft und fällt aus einer Höhe von 45 Meter Richtung Wasser, bevor er kurz vor dem Eintauchen sich von der Fackel trennt.

# Mexiko, das Land der Mayas

Eine der interessantesten Ausgrabungsstätten ist Teotihuacán.

## Teotihuacán

Die pyramidenförmigen Stufentempel gehören zu den größten Pyramiden in der Welt, fast so groß wie die Pyramiden von Gizeh in Ägypten.
Aber es gibt einen großen Unterschied.
Während die Pyramiden von Gizeh Begräbnisstätten sind, sind sie in Teotihuacán reine Kultstätten für Pilger, die eine spirituelle Erneuerung suchen.

Gewaltig groß ist die Sonnenpyramide auf einer Fläche von 222 mal 225 Meter und einer Höhe von gut 65 Meter.
Ein mächtiges Bauwerk.
Groß ist der Reiz, hinauf zu steigen, von Stufe zu Stufe.

Treppenstufen unterschiedlicher Höhe.
Worauf man sich eingelassen hat, spürt man erst auf dem Weg nach oben.
Zwischendurch tief durchatmen, nicht auf halbem Weg aufgeben.
Oben angekommen, kommt man sich wie ein „Sieger" vor.

In Teotihuacán lebten 200.000 Menschen, damals die größte Stadt des amerikanischen Kontinents.
Beim gesamten Bau zog man Astrologen mit ein.

Eine Bauweise, harmonisch zwischen Himmel und Erde; und das 6.000 bis 8.000 Jahre vor Christi.

Das Landschaftsbild ändert sich.

Vereinzelt Kakteen und Dornbüsche in einer öden Landschaft. Ab und an eine kleine Siedlung. Wenig Autoverkehr.

Draußen ist es öde, umso mehr Stimmung im Bus.
Ich bin als einziger „Exot" unter Mexikanern.
Meine Spanischkenntnisse reichen aus, um mich zu verständigen.
Und ein Lied oder eine Melodie kann man nicht „sprechen". Einer hat immer eine Gitarre dabei.

Mit „Ciudad Victoria" erreichen wir die Hauptstadt des mexikanischen Bundesstaates Tamaulipas.
Menschen über Menschen auf den Straßen. Frauen, Kinder, Männer.
Männer mit großen Hüten, an Hauswände lässig angelehnt, als wollten sie mit der Pistole jeden Moment losballern.
Verwegene Typen, ihre Blicke selbstbewusst.
Es sind – wie es heißt – normale Mexikaner, die nur auf ihren Bus warten.
An solche Gesichter muss man sich erst gewöhnen.

Löchrige, unebene Bürgersteige.
Düfte, die durch die Gassen ziehen.
Eine Vielzahl von Garküchen, es brutzelt überall.

Aus allen Ecken dringt Musik. Aus Wohnungen und Kneipen.
Gesang und laute Worte.

Von wegen „Halbwelt", hier verkehren ganz normale Bürger.

Schuh- und Textilgeschäfte, die je nach Stimmungslage öffnen und
schließen. Auch eine Apotheke.
Schuhputzer, und jeder lebt …
Jedenfalls zufriedene Gesichter, keiner scheint auf den anderen
neidisch zu sein.

Spaziergänge am Abend, die an schmusenden Liebespärchen
vorbeiführen..

Kinder, die nach 22.00 Uhr noch umhertoben.

## Mexikos Küche

Mexikos Küche ist vielfältig, nicht jedermanns Geschmack.
Eidechsen und geröstete Grashüpfer …
Stockfische in Schokoladensoße, dazu Chili, feurig oder mild.
Jede Region hat ihre Spezialitäten.

Der Appetit auf Bier ist groß. Zu einem Glas Bier werden gegrillte
Würmer oder Larven von Sumpfmoskitos serviert, und nicht Salz-
stangen wie bei uns in Deutschland.
Im Grunde isst man in Mexiko alles, was krabbelt.

Auch Läuse gelten als Leckerbissen.

Früher waren sie eine Spezialität der Indianer, ebenso wie Ameiseneier (Escamoles).

Alte Rezepte, die mündlich von Generation zu Generation vermittelt wurden.

Weiterfahrt mit dem Zug.

Mais- und Getreidefelder.

Mais ist neben Reis und Kartoffeln ein wichtiges Grundnahrungsmittel.

Hält der Zug, gehen Frauen am Zug entlang und bieten einheimische Speisen an.

An einer Station steige ich aus, um mit dem Kleinbus die Tour durchs Land fortzusetzen.

Frauen mit kleinen Kindern schauen mich wie einen Exoten an.

Der Bus kommt mit einer halben Stunde Verspätung.

Ich bin froh, dass er überhaupt kommt.

Die Straße ist kurvenreich und windet sich höher und höher.

Bewaldete Berge.

Wie „von einer Tarantel gestochen" rast der Busfahrer mit Tempo durch enge Gassen. Wir befinden uns in der Gemeinde „El Salto", rund 1.500 Meter über dem Meeresspiegel.

Kleinbusse, die gerade so durch die Gassen passen.

Viele Menschen sind auf den Beinen.
Frauen mit Kindern – eines an der Hand, das andere auf dem Arm,
und ein weiteres „unter dem Herzen".
Die Formulierung „unter dem Herzen" entspricht weitgehend dem
Empfinden und Verständnis der Mexikaner.
Mexikaner sind kinderlieb.

## Machohaftes Gehabe gehört zum mexikanischen Mann

Die mexikanischen Männer präsentieren sich machohaft, was die
Frauen differenziert sehen.
Sie leben mit diesem „Gehabe" und fühlen sich gar nicht
unzufrieden.

Schaut man auf die Ehepaare, die spazieren gehen, kann man
beobachten, dass die Frau ihren Mann mit der Hand leicht an die
Schulter fasst. So, als wolle sie ihn unauffällig begleiten.
Die Frau wird keineswegs einen Blick auf andere Männer richten.

Die Frau gibt dem Mann das Gefühl, ihn nicht „einverleiben" zu
wollen.

Übrigens gehört das machohafte Verhalten des Mannes zu seiner
Männlichkeit, zu seinem Persönlichkeitsbild.

Im Gewimmel trifft man auf ganz ungewöhnliche Wesen, die hier frei herumlaufen: halbverhungerte Hunde und dicke Schweine.

Die Gassen sind derart voller Menschen, dass man sich nur treiben lassen kann.


## Garküchen einfachster Art – ein Stück Lebensqualität

Natürlich dürfen Garküchen nicht fehlen, Küchen einfachster Art.

Meist bestehen sie nur aus einer Tonne, auf die man eine große Pfanne mit Öl stellt.
In der Pfanne werden gleichzeitig mehrere Köstlichkeiten zubereitet.

So einfach das Zubereiten ist auch das Mobiliar.
Zwei Hocker in Form von Baumstümpfen, darüber ein Brett gelegt – fertig ist die Sitzbank.

So wenig benötigt man zum „guten Leben".
Das ist Lebensqualität!

# Halbinsel Yucatán

Mérida ist die letzte Stadt in Mexiko, die ich besuche.
Sie ist die Hauptstadt der Provinz Yucatán.

Von hier aus besichtigen wir *Chichén Itzá*, eine weitere Hochburg der Maya-Kultur.

Die Mayas entwickelten eine eigene Schriftsprache mit etwa 700 Schriftzeichen, die sich aus Logogrammen (Wortzeichen) und Silbenzeichen zusammensetzt.

Die Texte wurden auf Schrifttafeln niedergeschrieben und konnten inzwischen größtenteils entschlüsselt werden.
Berichtet wurde unter anderem von Feldzügen und der Religion der Maya-Herrscher.

# Der Maya-Kalender

Die Mayas hatten eine eigene Zeitrechnung in Kalenderform.

In ihrer Zeitrechnung prognostizierten sie den Untergang der Welt, der bisher nicht eingetreten ist.

Von Teilen der Zivilisation mit Arroganz belächelt, bleibt doch die Frage offen, in welcher Form der Weltuntergang eintreten kann.

Wer hätte zum Beispiel an einen „Corona-Virus" gedacht, der sich weltweit ausbreitet und gegen den es bisher kein Gegenmittel gibt?

Man stelle sich doch vor, dass die Voraussage vor Jahrtausenden in magischer Umgebung gemacht worden ist.

Auch die Mayas verschwanden plötzlich.
Bis heute ist ungeklärt, warum.

Herrlicher Sonnenschein über den Ausgrabungsstätten in Chichén Itzá und Mérida.


*Anmerkung des Autors 2020:*

*Herrlicher Sonnenschein auch in Deutschland im Jahre 2020 und sorgenvolle Gesichter.*
*Menschen mit Schutzmaske.*
*Bilder, die man früher schon mal sporadisch in Japan oder China sah.*

*Nun aber Gesichtsmasken millionenfach hier?*
*Friseursalons und andere Geschäfte, die geschlossen haben.*

*Gedanken, die jeder für sich zu interpretieren versucht.*

Oben: Von diesem etwa 40 Meter hohen Felsen springen die Klippenspringer von Acapulco
Unten: Die Klippenspringer verabschieden sich nach ihrer Darbietung

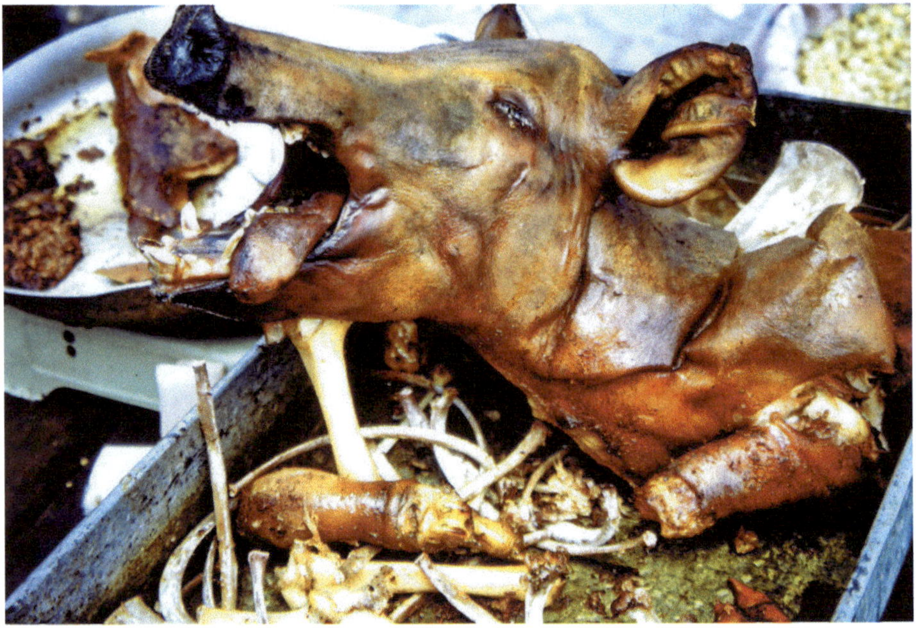

Oben und Unten: Garküchen in Mexico

Oben: Ältere Frau in typischer Tracht
Unten: Bunter Bus in Mexico

Steile Treppen in der Tempelanlage von Teotihuacán

# *Guatemala*

Ruhig verläuft der einstündige Flug von Mérida nach Guatemala-City, der Hauptstadt Guatemalas.

Anfangs sonnig, dann Wolkenberge, die sich zu einem burgähnlichen Gebilde türmen.
Ein Bild, das sich immer wieder verändert.
Der Phantasie sind keine Grenzen gesetzt.

Kurz vor der Landung in Guatemala-City lichtet sich die Wolkendecke.
Der Dunstschleier am Boden verzieht sich.

Gespenstisch der Vulkan, an dem wir kurz vor der Landung vorbeifliegen.
Einer von drei Vulkanen, die jederzeit ausbrechen könnten.

Eine Vulkankette, die sich in Latein- und Südamerika fortsetzt.

In dem mit nur 109.021 Quadratkilometer relativ kleinen Land zählt man 34 aktive Vulkane.
Fast nirgendwo auf der Erde bebt die Erde so oft wie hier.

Mit Guatemala betrete ich nicht nur ein für mich neues Land, sondern hier gibt es auch eine eigene Währung, benannt nach dem Heiligen Vogel der Maya, dem „Quetzal".

Lateinamerika ist das Land exotischer, melodisch klingender Namen, die man gut behalten kann.

Aber auch klassische Zungenbrecher, prädestiniert für Radiosprecher. Zum Beispiel „*Chichicastenango*".

# Guatemala-City

Guatemala-City war bei meinem Besuch noch eine alte Stadt, in der die Zeit stehengeblieben schien.

Kopfsteingepflasterte Straßen, zweistöckige Häuser.

Häuser mit schmiedeeisernen Balkonen und mit Ornamenten verziert. Vor den Fenstern Gitter.

Schattige Innenhöfe und plätschernde Brunnen, „Oasen der Ruhe".

Die Hauptstadt hatte damals 620.000 Einwohner, so viele wie Frankfurt (Main)

Eine Stadt mit relativ wenig Autoverkehr.

Lastkraftwagen rumpeln über das Kopfsteinpflaster.

Klein sind die „Eckmärkte", die alles Mögliche anbieten.

Alles überschaubar; das Gefühl, geborgen zu sein.

Auf den Straßen begegnet man vielen bildhübschen jungen Frauen mit indianischem Aussehen.

Auffallend, dass viele bereits Zahnlücken haben.

Die Zahnarztkosten sind hoch und Zahnersatz unerschwinglich.

# Tempelanlage Tikal – ein Mysterium im Urwald

Von der Hauptstadt 500 Kilometer entfernt liegt mitten im Regenwald die Tempelanlage von Tikal.

Aus Sicherheitsgründen fliegen wir zu diesen heiligen Tempelpyramiden der Maya, die abseits mitten im Dschungel stehen.

Wasseradern scheint es nicht zu geben, nur tropische Feuchtigkeit durch Niederschläge.

Bedeckter Himmel, hohe Luftfeuchtigkeit, kaum Besucher.
Von Wald umgeben stehen wir riesengroßen Pyramiden gegenüber.

Welch eine Ruhe, die das Ganze umgibt!
Wo kaum Touristen hinkommen, bleiben auch die Händler mit ihren Souvenirs und Säften aus.
Keine Stimme ist zu hören.
Stille in der Idylle.

Ruhe gönne ich mir zwischenzeitlich beim Besteigen einer Pyramide.

Die riesengroße Pyramide überragt weit sichtbar den Dschungel.
Oben angekommen schaue ich mal in die eine, mal in die andere Richtung auf das geschlossene Blätterdach.

Keinen Laut höre ich.

Dann doch vereinzelt Tierstimmen – Schreie von Brüllaffen.

Dann ist es wieder still, eine himmlische Ruhe liegt über dem Ganzen.

Vereinzelt steigen Dampfwolken durch das Blätterdach.

Es ist feucht-heiß, der Himmel bedeckt.

Die Tempelanlage von Tikal wurde etwa zwischen 800 v.Chr. und 200 n.Chr. gebaut.

Der größte Tempel ist der fast 70 Meter hohe Tempel IV, der „zweiköpfige Schlangentempel".

Lange Zeit, bevor Kolumbus nach Amerika kam, blühte hier bereits die Hochkultur der Maya.

Tikal bestand aber nicht nur aus Pyramiden, sondern zählte als Wohnort 11.000 Einwohner.

Was bleibt, ist die Hochachtung und Bewunderung einer uralten Kultur, weit abgeschieden von der Zivilisation.

Eine Kultur, die abrupt mit der Unterwerfung durch die Spanier beendet wurde.

Das nächste Ziel in Guatemala ist die Landschaft „Boca Costa", ein fruchtbares, landwirtschaftlich genutztes Gebiet.

Auf der fruchtbaren Vulkanerde gedeihen Bananen, Zuckerrohr, Kakao, Kokosnüsse und vor allem Kaffee.

# Exotisch klingende Namen und Vulkane

Ankunft in Quetzaltenango – wieder so ein Zungenbrecher …
Auch hier herrscht auf den Straßen ein reges Leben. Der ganze Ort scheint „auf den Beinen" zu sein.
Das Leben spielt sich vor allem in den Straßen ab.

Zuckerrohr-kauende spucken die Reste da aus, wo sie sich gerade aufhalten. Bei einigen ist das Spucken nicht zu überhören.

Es spucken Groß und Klein. Das Gekaute bleibt am Boden liegen und ist rutschig, nicht gerade angenehm.

Chichicastenango – kurz: Chichi – ist die nächste Stadt in einer Höhe von rund 2.000 Meter.
Damals noch eine Kleinstadt mit ca. 1.000 Einwohnern, heute eine Gemeinde mit mehr als 100.000 Einwohnern.

Bekannt ist der Ort durch seine Märkte. Schon frühmorgens um 06.00 Uhr wird es lebendig, wenn die Bauern aus der Umgebung mit ihren Pferdegespannen in den Ort „einfallen".

Markttage sind von Donnerstag bis Samstag.
Es wird verkauft, was auf der eigenen Scholle angebaut bzw. hergestellt wird.
Säcke mit Erdnüssen, Früchte und Textilien, gefärbt mit natürlichen Farbstoffen, d.h. ohne Chemiefarben.
Körbe und selbst gefertigte Taschen.

Das Gedränge auf dem Markt ist groß, aber kein Geschreie.
Die Verkaufsstände sind mit Frauen besetzt.
Männer, die Kontakte knüpfen. Auffallend ihre großen Strohhüte.
Der Markt bietet die Gelegenheit, sich näher kennenzulernen.

Eine Kirche, in der die Menschen beten und Opfer bringen.

Eingebettet in einer sehr reizvollen Landschaft liegt in einer Höhe von 1.560 Meter der Atitlan-See.
Einer der schönsten Seen überhaupt. Die Schönheit des Atitlan-Sees wurde rein zufällig bekannt, und zwar durch den Bau der rund 30.000 Kilometer langen Panamericana. Sie ist die längste Straße der Welt und führt von Alaska bis zur Südspitze Südamerikas.

Um den See beeindruckende Vulkane, die die Landschaft prägen.
Der höchste dieser Vulkane ist der Atitlan mit 3.537 Meter, in seiner Nähe die Vulkane Tolimán (3.158 Meter) und San Pedro (3.020 Meter).
Zu ihren Füßen liegt der idyllisch gelegene Atitlansee. Ein See, der Ruhe ausstrahlt.
Wenn sich am Morgen Dunst und Nebel verziehen, der Regenwald um den See aus dem Nachtschlaf erwacht, die Sonne scheint und die Vögel kräftig zu zwitschern beginnen, dann kommt Freude auf.
Wenn sich gar der Quetzal zeigt (was selten vorkommt), dann ist die Welt in Ordnung.

Egal zu welcher Tageszeit, der Atitlansee drückt Glück, ja sogar etwas Majestätisches aus.

# Antigua Guatemala

Am nächsten Tag bin ich in der ehemaligen Hauptstadt Antigua Guatemala (kurz „Antigua" genannt).

Sie wurde 1543 gegründet und ist durch gewaltige Erdbeben immer wieder zerstört worden.

Antigua war einst das politische, religiöse und kulturelle Zentrum im spanischen Kolonialbereich Mittelamerikas.

Doch die sich wiederholenden Naturkatastrophen führten zum Umdenken.

Etwa 50 Kilometer entfernt wurde Guatemala-City die neue Hauptstadt des Landes.
Der große Reiz von Antigua blieb aber bestehen.

Kopfsteingepflasterte Gassen und Straßen, gesäumt von zweistök-kigen Häusern, die mit schmiedeeisernen Balkonen verziert sind.
Türen mit kunstvollen Bronzeschlössern.

Eindrucksvolle Bilder aus vergangener Zeit, als wäre sie stehengeblieben.

Oben: Straßenansicht mit Bus in Guatemala
Unten: Antigua Guatemala

Oben: Einheimische Frauen verkaufen Stoffe auf der Straße
Unten: Typische Holzbalkone zieren die Häuser

Tikal

# *Honduras – Nicaragua – Costa Rica*

Eine weitere Etappe durch Mittelamerika sind die Länder Honduras, Nicaragua und Costa Rica.

## Honduras

Ein Staat mit damals fünf bis sechs Millionen Einwohnern; nach Nicaragua flächenmäßig das zweitgrößte der drei Länder.

Ein Land mit wuchernden Urwäldern.
Gebiete die man teilweise nur schlecht erreichen kann.
Straßen, die in der Regenzeit unbefahrbar sind.

Honduras blieb von größeren Erdbeben und Vulkanausbrüchen verschont.

Auf dem Weg nach Tegucigalpa, der Hauptstadt Honduras.

Tegucigalpa ist die einzige Hauptstadt in Mittelamerika, wo die Panamericana nicht hinführt.
Ob es an den hohen Baukosten oder der unattraktiven Lage der Hauptstadt gelegen hat? Antworten gab es nicht.

Die Panamericana wurde entlang der Pazifikküste gebaut, und zwar kostengünstiger.

Von der Panamericana biegt der Bus ab und fährt auf schlechter Straße zur Hauptstadt.
Wild ist die Berglandschaft.

Tegucigalpa ist eine alte Bergbaustadt und wurde 1578 gegründet. Die Einwohnerzahl betrug bei meinem Besuch 220.000. Damit war sie vergleichbar groß wie Halle an der Saale.

Die Infrastruktur entspricht ganz einer Bergbaustadt.
Es geht bergauf und bergab.
Teils schiefe Bürgersteige und löchrige Gassen.
Der Stadtverkehr wird – wie üblich in Mittelamerika – in Kleinbussen ausgeführt.

In der Stadt befindet sich das Fußball-Nationalstadion.
Eine Straße führt aus dem Tal der Stadt zum Stadion.

Zu ebener Erde eine weiß gestrichene Diskothek mit einem Schild, dass die Mitnahme von Pistolen und Messern in die Discothek verboten ist.
Für die, die nicht lesen können oder wollen, plakativ ein Plakat mit Pistole und Messer.

Fußball hat in Honduras einen hohen Stellenwert.

Nationalspieler sind in Gefahr und sich ihres Lebens nicht sicher.
Nationalspieler Milton Flores wurde am 19. Januar 2003 erschossen.

In einem Qualifikationsspiel zur Fußballweltmeisterschaft zwischen Honduras und El Salvador kam es zu Auseinandersetzungen, die beinahe zu einem Krieg zwischen den beiden Ländern geführt hätten.

Friedlich zeigt sich Tegucigalpa am Abend, wenn nach und nach die Lichter angehen.
Die Hauptstadt zeigt sich von ihrer romantischen Seite.

Wie es um Mitternacht aussieht, kann ich nicht sagen.

Am nächsten Morgen verlasse ich mit einem Kleinbus die Hauptstadt, auf dem Weg nach Nicaragua.

Der Busfahrer fährt mit einem „Affenzahn"; ein Grund ist nicht erkennbar.

Brücken ohne Geländer, nur einspurig zu befahren.
Ein Laster scheint es besonders eilig zu haben. Mit Getöse und Hupen donnert er auf die Brücke zu.

Je tiefer wir kommen, desto feuchter und heißer wird es, die Vegetation tropischer.

Bananenplantagen.
Der Anteil am Export von Bananen liegt bei 40 Prozent.

Einfache Behausungen mit Strohdächern.

Plötzlich setzt ein Tropenregen ein. Wolkenbruchartige Regenfälle.

Der Weg nach Nicaragua ist gesäumt von Bananenständen.
Einhundert und mehr Bananen an einer Staude, die alle zur Sonne gerichtet sind.

# Nicaragua

Grenzstation Nicaragua.

Als erstes tausche ich die letzten honduranischen Lempira in nicaraguanische „Córdoba Oro", kurz „Córdoba", benannt nach dem spanischen Eroberer Francisco Hernández de Córdoba, dem Gründer Nicaraguas.
Sein Konterfei befindet sich auf der Rückseite der Banknoten.

Der Name „Córdoba" erinnert an die gleichnamige spanische Stadt.

In Nicaragua setzt sich die Reihe der Vulkane fort.
Die Naturgewalten nehmen wieder zu.

Von der Grenze bis zur größeren Stadt León sind es rund 100 Kilometer. Die Straße ist gut, das Land flach.

Ausgedehnte Bananenpflanzungen, Baumwollfelder und Zuckerrohrplantagen.

Die Landschaft macht einen gepflegten Eindruck.

Der erste Vulkan kommt in Sicht, der „San Cristóbal".
Mit seinen 1.745 Meter wirkt er noch höher.

Der zweite Vulkan ist der 1.297 Meter hohe „Momotombo".
Ein Name, der wie ein Paukenschlag klingt.
Er explodierte 1609 in einer solchen Stärke, dass er die vom Erobe-
rer Córdoba gegründete Stadt León in Schutt und Asche legte.

Heute ein Bild der Harmlosigkeit.
Aber das ist ja das Geheimnisvolle und Trügerische.
Niemand weiß, wie lange er so dahin „döst".
Doch plötzlich ist es geschehen.

So wie in der Hauptstadt Managua.
Es war im Jahre 1972, einen Tag vor Heiligabend.
Hier vernichtete ein starkes Erdbeben fast die ganze Stadt.
Es war frühmorgens, um ca. 06.00 Uhr, und dauerte nur einige
Minuten. Aber die reichten aus.
Das Ergebnis: insgesamt 10.000 Tote und eine große Zahl zerstör-
ter Häuser.

Hier meine ersten Eindrücke:
Mir ist nicht bewusst, bereits in Managua zu sein.
Ich schaue – und schaue ins Leere.
Brachflächen, wo einst Häuser standen. Mit Unkraut bedeckt.
Ein Platz, nichts als vertrocknetes Gras.

Was ich sehe, macht mich sprachlos.
Ein paar Ruinen und zerstörte Häuser – sozusagen die Reste einer Stadt.
Ich schweige, sage kein Wort.

Risse an Hauswänden, von unten bis oben.
Wie Blitze, die eingeschlagen sind.

Straßen, an denen nur noch Telefonmasten stehen; Leitungen, die herunterhängen.

Ein trostloses Bild.

Stehengeblieben und unbeschädigt sind das Parlamentsgebäude, der Präsidentenpalast, das Nationaltheater und das Intercontinental Hotel.

Der Wiederaufbau der Hauptstadt verzögerte sich und erfolgte „kleckerweise".
Das hängt mit der Politik zusammen.

Die USA als möglicher Geldgeber zögerten, nachdem in Nicaragua eine links-revolutionäre Regierung an die Macht kam.

Es ist kein Geheimnis, dass die USA seit jeher Mittelamerika als „ureigene" Interessenzone betrachten und „im Vorgarten" ordnend eingreifen.

Nebenbei sei erwähnt, dass die Stadt Wuppertal, aus der ich komme, seit Jahrzehnten eine lebendige Städtepartnerschaft mit der Halbmillionenstadt (2020) Matagalpa pflegt. Über Meere hinweg und mit Leben erfüllt.
Nicht mit „Sonntagsreden", sondern mit praktischer Hilfe. Seien es gebrauchte Krankenwagen oder ein Feuerwehrauto.

Natürlich gibt es auch gegenseitige Besuche von Schülergruppen und Bürgern beider Städte.

Granada in Nicaragua ist das nächste Ziel, nicht zu verwechseln mit der gleichnamigen Stadt in Andalusien in Spanien.

Die Stadt Granada in Nicaragua wurde im Jahr 1524 vom spanischen Eroberer Francisco Hernández de Córdoba gegründet.

Eine Stadt mit alten Häusern aus der Kolonialzeit und einer Vielzahl von Kirchen.
Pferdedroschken und farbenprächtige Märkte.

Granada liegt am Nicaraguasee (Lago de Nicaragua), einem großen See mit einer Fläche von mehr als 8.100 Quadratkilometer.

Vulkane auch hier, wie zum Beispiel der 1.344 Meter hohe Mombacho.
Bei einem seiner früheren Ausbrüche spuckte er so viel Magma in die Luft, dass im See Inseln entstanden.

Bei meinem Besuch hier spuckte er nur Asche, die nach unten fiel und die Straßen zwei bis drei Zentimeter bedeckte.
Für mich ein ganz neues Gefühl.

So stelle ich mir Schwarze aus Afrika vor, die ganz aufgeregt sind, wenn sie in deutschen Gefilden die ersten Schneeflocken sehen.

An der Menge der Asche können Experten feststellen, wie stark das Ausmaß einer Eruption war.
Bei Vulkanausbrüchen spuckt er nicht nur Lava, sondern auch Gas und Asche aus.

Vulkane sind die Fenster der Erde.

## Costa Rica

In Costa Rica verengt sich die Landbrücke zwischen Mittel- und Südamerika immer mehr, ehe sie in Panama, der nächsten Station, die engste Stelle erreicht.

„Costa Rica" heißt übersetzt „Reiche Küste".
Als Kolumbus 1502 von den Indianern auf seiner Entdeckungs-reise bei der Ankunft mit Gold beschenkt wurde, nahm er an, dass das Land reiche Goldvorkommen habe.
Kurzerhand nannte er das neu entdeckte Land „Costa Rica".

Ein hügeliges Land, das überwiegend von einem leichten Grün geprägt ist.
Vereinzelt Büsche und Bäume.

Im Hintergrund befindet sich eine Gebirgskette mit Vulkanen.
Zu sehen ist beispielsweise der 1.559 Meter hohe Orosí.

Großzügig gestaltet ist die bei meinem Besuch etwa 200.000 Einwohner zählende Hauptstadt San José.
Modern, europäisch.
Typisch europäisch ist das Nationaltheater. Es soll das schönste in Lateinamerika sein.

Die Bevölkerung in Costa Rica besteht vor allem aus Weißen.
Zwei Prozent sind Mulatten, acht Prozent Mestizen.
Es gibt auch einige Tausend reinblütige Indianer.

Das Analphabetentum beträgt zehn Prozent, etwas mehr als in Deutschland.
Laut statistischem Bundesamt in Darmstadt liegt die Quote bei uns um 8 Prozent.

Costa Rica ist ein fruchtbares Land.
Man baut Reis, Mais, Bohnen und Kartoffeln an.
Ausreichend, um die eigene Bevölkerung zu ernähren.

## Ein Land ohne Armee

Costa Rica ist ein Land ohne Armee, und das schon seit 1948.
Das veranlasste viele Weiße aus Europa, nach Costa Rica zu übersiedeln.

Das Land verfügt über keine Bodenschätze, aber über Vulkanismus.

Der höchste Vulkan ist der 3.432 Meter hohe Irazú, ein noch heute aktiver Vulkan.
Ein Vulkan, an dem man bis zum Kraterrand gehen kann.
Der Blick in den 300 Meter tiefen Krater schaudert einen.
Man blickt auf eine giftgrünen See.

Der Kratersee eine „Brühe" ohne Leben; reine Chemie.
Luftblasen, die blubbern.
Schwefelschwaden, die nach oben ziehen, die man aber nicht erkennen kann.

Die Krater sieht glatt wie ein Kreisel aus, steil die Kraterwände.

Vorsicht ist geboten!
Nicht so dicht an den Kraterrand gehen …

Oben: Kinder begrüßen uns in Nicaragua
Unten: Tropische Landschaft auf unserer Erkundungsfahrt

# Panama und der Panama-Kanal

Panama, ja, das ist vor allem der Kanal.

Woher der Name „Panama" kommt, ist unklar.
Mir wurde berichtet, dass der Name aus dem Indianischen kommt und so viel wie „erfrischendes Gewässer" bedeutet.
Andere meinen auch, er stamme aus dem Sprachgebrauch ehemaliger Ureinwohner, bedeute aber: „Reichtum an Fischen und Schmetterlingen".
Wieder andere weisen auf den indigenen Sprachbegriff „panna mai" hin, der "weiter dort" bedeutet.

## Bau des Panamakanals

Die Idee, eine Verbindung zwischen den großen Meeren zu schaffen, beschäftigte die Gemüter schon vor etwa 300 Jahren.

Wer auf die Landkarte schaut, wird feststellen, dass sich die Landbrücke zwischen Nord- und Südamerika immer mehr verjüngt. In Panama ist sie am schmalsten und liegt zwischen 55 und 100 Kilometer.
Sie ähnelt von der Struktur her einem „gekrümmten Wurmfortsatz" (Blinddarm).
Der Phantasie sind auch in diesem Vergleich keine Grenzen gesetzt.

Die Idee, einen Kanal zu bauen, der den Atlantischen Ozean mit dem Pazifik verbindet, wurde konkreter, nachdem man den Suez-Kanal baute.

Nebenbei sei erwähnt, dass sich dadurch der Seeweg nach Indien, Asien und Australien erheblich verkürzte - unabhängig von der Ersparnis an Energiekosten und Zeit.

Schiffe mussten vorher den langen Seeweg um Kap Hoorn an der Südspitze Amerikas wählen.

Panama war noch eine Provinz von Kolumbien, als die Bauarbeiten am Kanal begannen.

Die Idee war bestechend, aber der Teufel steckte im Detail.

Das Gebiet war extrem malariaverseucht.

Tropenkrankheiten wie zum Beispiel Gelbfieber rafften Tausende von Bauarbeitern dahin.

Beauftragt, die Bauarbeiten durchzuführen, wurde Graf Ferdinand de Lesseps, der erfolgreich den Suez-Kanal durch die ägyptische Wüste gebaut hatte.

Die extremen klimatischen Umstände verbunden mit den Tropenkrankheiten führten dazu, die Bauarbeiten abzubrechen.

Die USA waren aus wirtschaftlichen Gründen daran interessiert, den Bau fortzuführen.

Panama, das zu Kolumbien gehörte, wurde von den USA zu einer selbständigen Republik erklärt.

Der neue selbständige Staat Panama erteilte den USA im Jahre 1904 die Genehmigung, die Bauarbeiten verantwortlich fortzusetzen.
Dafür zahlten die Amerikaner der Republik Panama zehn Millionen US-Dollar.

Zunächst wurde das tief verseuchte Gebiet von Tropenkrankheiten befreit.
Außerdem wurden 6.000 US-Amerikaner zusätzlich eingesetzt.

Am 15. August 1914 durchquerte das erste Schiff den Kanal.

# Der weltberühmte Panamahut

In diesem Zusammenhang wurde plötzlich ein Hut bekannt, der weltberühmt wurde: der Panama-Hut.

Kurios ist, dass der Panamahut gar nicht aus Panama, sondern aus Ecuador kommt.

Die besondere Faser, aus der der Hut hergestellt wird, stammt von einer Fächerpalme, die nur in einer bestimmten Region in Ecuador wächst.

Was zutrifft ist, dass er mit Vorliebe bei den Arbeitern am Kanal wegen seiner vorzüglichen Eigenschaften getragen wurde.
Er trägt sich leicht und ist luftdurchlässig.

Weltruhm erlange der sogenannte Panamahut, als der damalige US-Präsident Theodore Roosevelt bei der Einweihungsfeier des Kanals diesen Hut – den Panamahut – trug.

Damit war der „Panamahut" geboren und erlangte Weltruhm.

## Auf dem Seeweg zum Panamakanal

Abschied von Veracruz in Mexiko.
Super Wetter, super Stimmung.
Abschiedsgesänge:
„Adios … adios Mexiko … wir kommen wieder … hierhin zurück."

Aus der Karibik kommend, fährt das russische Kreuzfahrtschiff gegen 01.00 Uhr nachts in die Gewässer Panamas ein.

Links und rechts – auf der Backbord- und Steuerbordseite – ein Spalier hunderter hell erleuchteter Frachtschiffe, die auf die Einfahrt in den Panamakanal warten.
Ein Lichtermeer, wie erleuchtete Weihnachtsbäume.

Das Kreuzfahrtschiff legt nachts im Hafen von Colón an der Pier an. Das Anlegemanöver ist jedesmal ein besonderes Erlebnis.
Mit welch einer Präzision das etwa 200 Meter lange Schiff anlegt …! Man könnte eine Tasse Kaffee auf die Reling stellen, ohne dass sie herunterfiele.
Staunen und Faszination.

## Colón

Colón am nächsten Tag.

„Achtung in Colón!"
Hinweise und Warnungen in jeder Form und ausreichend genug.
Gewarnt wird vor Überfällen, Diebstahl, usw.

Empfohlen wird, nicht einzeln, sondern in kleinen Gruppen in die Stadt zu gehen.

Eindringlich wird gewarnt, keinerlei Schmuck – auch nicht unechten – zu tragen.
Gemeint sind vor allem die Damen ...

Trotz aller Warnungen können scheinbar einzelne doch nicht auf ihren Schmuck verzichten.
Den „Reichtum" optisch spazieren führen ist ja wie eine „Einladung", sich zu bedienen.

Herrlicher Sonnenschein in Colón am frühen Morgen.
Die Stadt ist mit 70.000 Einwohnern die zweitgrößte Stadt Panamas.
Größer ist nur die Hauptstadt Panama-City mit zur Zeit meines Besuchs über 400.000 Einwohnern.

Mit der Gründung von Colón wurde eine Eisenbahnlinie zwischen Colón und Panama-City gebaut.

In Colón überwiegend einstöckige Häuser aus Holz, auffällig gelb gestrichen.
Ein Haus neben dem anderen, längsseitig zu den Straßen.
Kunstvolle Balustraden, die im ersten Stockwerk um die Häuser führen.

Offene Bistros, heiße Musik und Bars.

Mysteriöse Gestalten, mysteriöse Blicke.

Verheißungsvolle Blicke von jungen Frauen mit einladenden Gesten.
Hier ist alles zu haben, was Spaß macht – gegen „Cash", versteht sich.

Häuser im Wild-West-Stil, belebte Straßen.

Schleichende Typen, verlebte Gesichter, Augen wie Kobold-Makis.

Außer eine Büste von Ferdinand Lesseps (Baumeister des Panamakanals) und einem Denkmal von Christoph Kolumbus gibt es nichts „Besonderes", es sei denn, man geht in eines der wenigen Feinschmecker-Lokale.

Zurück zum Schiff.

# Schiffspassage durch den Panamakanal

Herrlicher Sonnenschein, die Passagiere erwartungsvoll gestimmt.
Das Deck voller Kreuzfahrer.

Das Motorgeräusch setzt ein, das Schiff legt ab.
Keiner mag auch nur einen Augenblick verpassen.

Nicht nur die Kreuzfahrer sind gespannt.
Auch das diensthabende Personal, soweit möglich, fiebert dem Erlebnis entgegen.

Man wechselt mal zur Steuerbord-, mal zur Backbordseite.
Nur nichts verpassen!

Zwischendurch komm man auch mal ins Gespräch.
Ein Herr neben mir erzählt, dass es bereits seine zweite Fahrt durch den Kanal sei und fügt hinzu, dass er bereits als „Embryo" im Bauch seiner chilenischen Mutter die Fahrt gemacht habe.
Er war damals sechs Wochen „alt". Seine Mutter habe zu der Zeit noch nichts von ihrer Schwangerschaft gemerkt. Sein Vater sei Deutscher.

Einfahrt in die erste von drei Schleusen.
Doppelschleusen für Schiffe aus umgekehrter Richtung. Bei unserer Fahrt für Schiffe, die aus dem Pazifik kommen.

Bei jeder Schleusendurchfahrt wird je nach Richtung der Wasserstand angehoben oder gesenkt, um den Höhenunterschied zwischen dem Kanal und den Meeren auszugleichen.

Für einen Schleusengang benötigt man etwa 200 Millionen Liter Wasser, das aus dem durch den „Madden Dam" gebildeten Alajuelasee und dem Gatúnsee gespeist wird.

Es gibt drei aufwendige Schleusenanlagen bei Gatún, Pedro Miguel und Miraflores.

Spannend wird es bei der Einfahrt in die Schleusen.
Fotoapparate und Filmkameras werden in Stellung gebracht.
Dicht gedrängt starren die Passagiere auf den nur  Zentimeter breiten Spalt zwischen Schleusenmauer und Schiffsrumpf.

Eine Schleuse ist 300 Meter lang und 33 Meter breit.
Gebannt die Gäste – ob das alles gutgeht?

Für den Kapitän und seine Mannschaft ist die Schleusendurchfahrt jedesmal ein hochkonzentriertes Manöver.

Unterstützt wird der Kapitän des Schiffs von zwei einheimischen Lotsen im Kapitänsrang.
Einer ist für die Backbord-, der andere für die Steuerbordseite zuständig.

Alle drei Schleusen sind hochinteressant.

Das Schiff wird an jeder Seite von zwei speziellen Zahnradlokomotiven hindurch gezogen. Man nennt sie „Mulis".

Eine Passage durch den Panamakanal kostet je nach Schiffstonnage 120.000 US-Dollar und mehr.

Kein Problem, das Geld los zu werden, denn in der Hauptstadt gibt es genug Banken, die auf das Geld warten.

## Der Kanal ist zu klein geworden

Die Fahrt durch den 81,6 Kilometer langen Kanal ist wegen der immer größeren Schiffe zum Problem geworden.

Der Kanal musste erweitert und ausgebaggert werden.

Containerschiffe, die 2.000 und mehr Container geladen haben.
Um sich von der Größenordnung ein Bild zu machen:
2.000 Container im Großformat heißt an Land 2.000 Spezialfahrzeuge einzusetzen, denn ein Container benötigt ein Spezialfahrzeug.

Aber man braucht auch die Logistik an Bord, um 2.000 Container sicher zu stapeln und festzuzurren.
Nichts darf bei Orkan und hohem Wellengang auf dem Meer verrutschen.

Die Profitgier scheint keine Grenzen zu kennen, denn man lässt sich immer etwas Neues einfallen.

Inzwischen fahren viele Schiffe aus steuerlichen Gründen unter der Flagge von Panama. Panama ist bekannt als Steueroase – und das wohl nicht nur in der Schifffahrt.

## Familienbegegnung für Minuten

Ein Stück Menschlichkeit:
Ein großes Transportschiff kommt im Schneckentempo aus der Miraflores-Schleuse.
Am Ufer steht eine Familie. Eine Frau mit drei Kindern.
Auf dem Schiff steht im unteren Außenbereich ein Seemann.
Er ist der Ehemann bzw. Vater der drei Kinder.
Ein Plastikbeutel mit dem Lieblingsessen des Vaters wird schnell überreicht, umgekehrt ein Beutel mit Sachen für die Familie.
Man wechselt ein paar Worte, Tränen fließen.

Das Schiff nimmt Tempo auf …
Winken und Tränen …

So vom Autor an Land beobachtet und erlebt.
Auch ich habe feuchte Augen.
Tränen, die die Wange herunter kullern.
Die harte Seite des Lebens …
Das Leben ist kein Wunschkonzert!

Oben: Die Puente Centenario ist insgesamt 1052 Meter lang und wurde 2004 erbaut
Unten: In der Miraflores-Schleuse

Oben: Die Puente de las Américas war bis  2004 die einzige Straßenverbindung
zwischen Nord- und Südamerika
Unten:  Einfahrt in die Gatún-Schleuse

Oben und Unten: Treidelloks, die auch liebevoll „Mulis" genannt werden

# *Ecuador*

Es ist morgens um 06.00 Uhr, als das Großraumflugzeug – ein Airbus A 360 – in Quito, der Hauptstadt Ecuadors, landet. In Deutschland ist es jetzt 13.00 Uhr mittags.

Der Flug von Frankfurt / Main führte über die Azoren, Haiti (Karibik) und Venezuela mit einer Zwischenlandung in Kolumbien – hier wechselte die Crew – in die 2.850 Meter hoch gelegene Hauptstadt Quito.

Landeanflug auf Quito, vorbei an fast 6.000 Meter hohen Vulkanen und mit Blick auf den mitten in Quito gelegenen Hügel „Panecillo", was übersetzt „Brötchen" heißt.

Warum er diesen Namen hat, konnte ich nicht in Erfahrung bringen. Erfahren habe ich, dass er ein lange erloschener Vulkan sein soll … aber was heißt das schon?

Die Natur hat ihre eigenen Gesetze.

Quito hat zwei Gesichter.

Der moderne Teil ist ein Spiegelbild der Finanzen aufgrund der Ölvorkommen am Oberlauf des Amazonas.

Hochhäuser aus Beton und Glas.

Breite Straßen und reger Autoverkehr.

An den Kreuzungen stehen Polizisten mit Helm und regeln den Verkehr.

In der Altstadt schlägt das Herz des Landes.

Dennoch fügen sich beide Stadtteile harmonisch aneinander.
Das zeichnet den Charakter der Bürger aus. Sie sind stolz auf ihre
Stadt.

In der Altstadt Bauten im Kolonialstil.
Häuser mit schmiedeeisernen Balkonen, die um das Haus führen.

Auf den schiefen Bürgersteigen ausgebreitete Gemüse- und
Obstflächen.
Kleine Läden mit Krimskrams.
Indiofrauen, die verkaufen.

Barockkirchen, in denen der Altar mit Gold verziert ist.
Gespendet von den Armen, wie man verkündet.
Gläubige, die inbrünstig singen und beten.

Mollige Frauen mit weit abstehenden Röcken.

Auch hier bildhübsche junge Mädchen mit Zahnlücken.
Eine Zahnbehandlung ist teuer und Zahnersatz unbezahlbar.

Den Ausdruck der Kultur eines Volkes findet man auf den
Friedhöfen.
Ein Bild vergangener Zeiten und Ausdruck des Denk- und
Gefühlslebens.

Besuch des Friedhofs „Cemeterio de San Diego".
Wie überall auf den Friedhöfen der Welt wird man von Stille umgeben.

Tote können nicht mehr sprechen.
Wie, wenn es anders wäre ...?

Es gibt hier verschiedene Formen, bestattet zu werden.
Das herkömmliche Verfahren und das Mauerbegräbnis in Mauergräbern.
Hier wird der Sarg mit dem Toten in ein „Mauerfach" geschoben.
Zunächst ist davor ein Eisengitter, letztendlich wird es zugemauert.

## Tag der Toten

Anders als in Europa wird der Tag der Toten (Totensonntag) an zwei Tagen begangen, und zwar am 1. und 2. November.
Er wird lustig begangen, es wird ausgelassen am Grab gefeiert. Am Grab finden sich die Familienangehörigen des Verstorbenen ein.
Die Identifikation mit dem Toten wird so weit praktiziert, dass man die Lieblingsspeisen des Verstorbenen isst und dessen Lieblingsgetränk zu sich nimmt.
Die Angehörigen glauben, dass am Tag der Toten die Seele des Verstorbenen „nach einer langen Reise" zum Fest zurückgekehrt ist. Sie gedenken seiner, verharren an den Gräbern, essen und trinken.
Es herrscht eine lockere Stimmung.

Die Kultur geht auf die Maya und ihre Sitten zurück.
Ihre Rituale gründen sich auf „Tod und Wiedergeburt".

Es werden sogar Umzüge im Gedenken an die Toten zelebriert, indem man Totenschädel und Skelette mitführt.
Solche Symbole findet man am Tag der Toten auch in Schaufenstern.

Am Abend kommt die Müllabfuhr in Quito und sammelt den Abfall ein, der in Mülltüten und Plastiktüten am Wegesrand liegt.

Am nächsten Morgen verlasse ich Quito und fahre auf der Panamericana ins Landesinnere.

Die Panamericana endet in Panama, weil Kolumbien an einer solchen Straße nicht interessiert ist.

Liebhaber der Straße und Globetrotter können also nicht durchgehend von Alaska bis Feuerland (an der Südspitze Südamerikas) fahren.
Diesen Wunsch können sie sich erst wieder ab Ecuador erfüllen und ihre Traumreise fortsetzen.
Sie reisen mit dem Schiff an, um mit ihren schweren Motorrädern oder Autos bis zur Südspitze des Kontinents zu kommen.

# Ecuador und zwei Äquatorlinien

Das Land hat zwei Äquatorlinien, dazwischen liegt Quito.

Eine verläuft 60 Kilometer nördlich und eine zweite südlich der Hauptstadt.
Die zweite Linie wurde 1736 durch eine französische Forschungs-gruppe festgelegt.

Ein Obelisk (Denkmalsäule) mit einer Gedenktafel und oberhalb einer Weltkugel kennzeichnet diese Stelle.

Eine gelbe Linie stellt sichtbar den weiteren Verlauf des Äquators dar, der auch unterhalb einer Bank hindurch führt.
Man setzt sich auf die Bank und lässt den Äquator passieren – und zwar mit dem einen Bein auf der Nord- und mit dem anderen Bein auf der Südhalbkugel. Damit sitzt man auf beiden Erdhälften gleichzeitig.

Ist das nicht ein Bild für das Familienalbum wert?
Welch ein Gefühl der „Dominanz"!

# Otavalo-Markt

In der Gegend gedeiht die besondere Fächerpalme, aus der der Panamahut gefertigt wird.
Er besteht aus vielen dünnen Fasern.
Ein qualitativ guter Hut kostet bis zu 500 US-Dollar.

Ob er qualitativ seinen Preis wert ist, so sagen Einheimische, erkennt man daran, dass man den Hut in eine Hülse steckt, ohne dass er seine Form verliert.

Die Menschen in der Gegend sind handwerklich begabt.
Handwerkliche Kunst, wie zum Beispiel Töpfer und Weber.
Sie beherrschen auch die Gold- und Schmiedekunst.

Otavalo liegt am Fuße des mächtigen, teils schneebedeckten Vulkans Cotacachi.
Davor eine Reihe von Palmen.

Als ich den hügeligen Ort besuchte, lebten dort etwa 1.000 Menschen.

Mit Katzenköpfen gemusterte Straßen.

Bekannt ist der Wochenmarkt, der an drei Tagen stattfindet (von Donnerstag bis Samstag).
Auffallend, dass es kein Marktgeschrei gibt.

Frauen, die an den Ständen stehen und Waren verkaufen.
Produkte, die selbst hergestellt worden sind: Ponchos, Pullover, Decken und Wandbehänge.

Hellhäutige Indio-Frauen mit weiß bestickten Blusen, goldgelben Perlenketten und Kopftuch.
Während sie an den Marktständen stehen, haben sie auf dem Rücken auch noch ein Kleinkind.

Die Indio-Männer fallen durch ihre langen geflochtenen Zöpfe auf, die weit auf den Rücken hängen.
Sie lassen das ganze Leben lang ihre Haare nicht schneiden.

Der Haarzopf, und das überrascht, ist Ausdruck der Männlichkeit.

Ist der Markt geschlossen, feiern die Aussteller.

Die Angst vor Alkohol ist groß.
An einem Tag trinkt der Mann, am anderen Tag die Frau.

Diese Angst resultiert aus der Weitergabe von Generation zu Generation, dass sie durch den Alkohol mit dem „Weißen Mann" keine guten Erfahrungen gemacht hätten.

Durch Alkohol sind die Indios „gefügig" gemacht worden.
Das haben die Indios bis heute nicht vergessen.

Am Samstagmittag endet der Markt mit einer Messe in der Kirche.

# Allee der Vulkane

Der Cotopaxi ist mit 5.897 Meter einer der höchsten aktiven Vulkane der Welt. Neun Vulkane folgen. Alle sind noch aktiv.
Es sind der mächtige, 6.263 Meter hohe Chimborazo, der 5.016 Meter hohe Tungurahua, usw.

Auf der Erde gibt es rund 1.500 aktive Vulkane.
Unsere Erde „arbeitet" also im Inneren.
Da herum ist der harte Erdmantel.

Kommt es zu einem Vulkanausbruch, wird die Kruste durch eine heftige Explosion geöffnet und glühend heiße Lava fließt heraus.
Das geschmolzene, glühend heiße Gestein nennt man unterirdisch Magma, oberirdisch Lava.

Die Lava ist häufig dickflüssig-zäh, kann aber auch dünnflüssig sein.
Ein ansteigender Lavahügel entsteht.

Asche, die als grauer „Rauch" aus dem „Feuerberg" aufsteigt.
Sie ist eigentlich Staub aus verbranntem Lavagestein.

Bei riesigen Vulkanausbrüchen wurden Steine bis zu 55 Kilometer hochgeschleudert.
Die Wucht dieses Vulkanausbruchs wurde noch 3.600 Kilometer weiter in Australien gespürt.

Bei den Ausbrüchen entstehen vulkanische Landschaften.

Böden, die besonders fruchtbar sind.

Das ist mit der Grund, dass die Menschen hierbleiben, unabhängig vom Heimatgefühl.

## Das Tal der Hundertjährigen

Vilcabamba ist ein Ort in einer Höhe von etwa 1.600 Meter, der das ganze Jahr über frühlingshaftes Wetter hat.

Der Ort ist bekannt für die angeblich hohe Lebenserwartung seiner Bewohner.

Viele Menschen werden 100 Jahre bzw. „sehr, sehr" alt.

Deshalb nennt man ihn auch das „Tal der Hundertjährigen".

Das hat die Welt hellhörig gemacht.

Vor Ort forschte und forschte man, aber man konnte kein Geheimnis erkennen.

Was man feststellte ist, dass die Menschen hier einfach und normal leben.

Sie arbeiten und beschäftigen sich.

Menschen, die nicht durch unwichtige Dinge aufgezehrt werden, z.B. durch Prestigedenken und –handeln.

Menschen, die mit der Natur zurechtkommen und nicht süchtig sind.

Keine Sucht, dünner und dünner zu werden, nicht merken, dass sie mager sind.

Nur um die „Idealfigur" zu erreichen.

Gesund zu wirken, um sich besser „verkaufen" zu können, um einen bestimmten „Prestige-Status" zu erwerben.

Zu glauben, das man nur dann ein „vollwertiger" Mensch ist, wenn man alle diese Kriterien erfüllt.

Menschen, die wohl kaum etwas über Mode gehört haben, nicht dem übersteigerten „Modefimmel" unterliegen, der „diktierten Mode" für ein paar Monate.

Keine Mode, „Armut" zur Schau zu tragen, als sei man mit seinen Jeans gerade dem Bergwerk entstiegen oder als Steigerung noch Löcher hineinschneidet. Enge, ja zu enge Hosen zu tragen, mit der Folge von überquellenden Proportionen „überrollt" zu werden.

Ernährungsspezialisten rückten an, konnten aber nur feststellen, dass die Menschen normal lebten und 100 Jahre alt wurden.

# Zugfahrt mit dem „Kordilleren-Express" –
# wie im Sturzflug

Abenteuer pur auf der Schmalspurbahn zur Hafenstadt Guayaquil am Pazifik.

Ausgangspunkt ist der Bahnhof Riobamba.

Ein planmäßiger Zug, der die Strecke von Quito über Riobamba nach Guayaquil fährt und kein „Touristenzug" ist.
Die Strecke beträgt 240 Kilometer.

Ein sogenannter „Mixto", zusammengesetzt nach Zweckmäßigkeit.
Er besteht aus Güterwagen und Personenwagen.

Personen, die keinen Fahrschein haben, sitzen auf den Dächern.
Dort kontrolliert der Schaffner nicht die Fahrscheine.
Er klettert nur aufs Dach um zu fragen, ob jemand heruntergefallen ist.

Entlang der Strecke viele weiße Kreuze.
Sie symbolisieren, wie viele Menschen hier schon ihr Leben ließen.

Ich sitze mit anderen in einem Personenwagen, der mehr einem Bus ähnelt.
Würde man Reifen darunter anbringen, könnte er wohl auf Straßen fahren.

Auf den Dächern hocken meist junge Leute.

Es reizt mich aber mit der Zeit, mit anderen auch aufs Dach zu klettern.

Hätte ich das gewusst:
Höhenunterschiede von 800 Meter sind abschnittsweise zu überwinden.

Die Schmalspurbahn klappert, als hätte sie Schüttelfrost, ein paar hundert Meter steil abwärts.

Ich erinnere mich an einen Abschnitt nach Alausí.
Steil abwärts und dann in eine Rechtskurve.

Der Bahnhof Alausí liegt in einer Höhe von 2.300 Meter mitten in dem kleinen Ort.

Eisenbahnschienen, die auf der Straße durch Alausí führen.
Hier könnte auch eine Straßenbahn fahren.

Von Alausí folgt ein interessanter Abschnitt, den man als „Teufels-nase" (Nariz del Diablo) bezeichnet.
In Spitzkehren fährt der Zug im Zickzack-Kurs, und zwar wie folgt:
Er fährt bis zu einer Weiche, wo die Schienen enden.
Die Weiche wird umgelegt.
Der Zug fährt nun rückwärts zur nächsten Weiche.
Und von dort aus wieder vorwärts.

Der Zug „klettert" – so könnte man sagen – das Bergmassiv
herunter.

Ohne dieses technische Verfahren würde er abstürzen.

Wir kommen in das Tal des Flusses „Rio Chanchán".
Hier ist es spürbar wärmer.
Feucht-heiße Luft.
Die Vegetation ist tropisch.

Der Zug erreicht die damals 900.000 Einwohner zählende Hafenstadt Guayaquil.

Von hier aus fliege ich zu den Galapagos-Inseln im Pazifischen
Ozean, die zu Ecuador gehören.

Oben und Unten: Kordilleren-Express

Oben und Unten: Die „Teufelsnase" (Nariz del Diablo) ist der
spektakulärste Abschnitt bei der Fahrt mit dem Kordilleren-Express

Oben: Blick aus dem Zugfenster
Unten: Siesta

Oben: Die Herstellung von Panamahüten ist reine Handarbeit
Unten: Vulkan Chimborazo

# Galapagos-Inseln

Der Blick aus dem Flugzeug beim Anflug auf die Inselwelt des Galapagos-Archipels versetzt mich in eine vollkommen andere Welt, als sei ich vor der Landung auf einem fremden Planeten.
Ein Haufen scharfkantiger, poröser Lava, als schaute man in ein Ofenloch voll verbrannter Schlacke.

Vulkanlandschaften, über denen eine erbarmungslose Sonne steht.

Landung auf der Insel Baltra.
Ein kleiner Flughafen mit einer Start- und Landebahn, von den Amerikanern im Zweiten Weltkrieg aus strategischen Gründen – zum Schutz des Panamakanals – gebaut.

Das Flughafengebäude ist eine kleine Holzhütte.
Zwischen dem Gepäck hüpfen Finken umher.
Ich schaue durch die offene Tür nach draußen und sehe eine große Echse seelenruhig über die Startbahn kriechen.

Aus dem Staunen komme ich nicht heraus:
Alles, was sich bewegt, watschelt und robbt.

Sehe ich richtig oder träume ich? Tiere, die keine Angst haben.
Ich komme mir vor, als sei ich als erster Mensch auf einem fremden Planeten gelandet, doch ich bin auf „unserer" Erde.

Nur 1.000 Kilometer vom südamerikanischen Festland entfernt, hat sich in tausenden Jahren auf jeder der Inseln eine spezielle Pflanzen- und Tierwelt entwickelt.

Der Galapagos-Archipel wurde 1535 – mehr zufällig – von einem Bischof aus Panama entdeckt, der sich auf einer Schiffsreise nach Peru befand und von der Küste abgetrieben wurde.

Später kamen sporadisch Seeräuber, um Schildkröten zu fangen, sozusagen als „Vorrat".
Sie wurden lebend unter Deck „gestapelt".
Bei Bedarf wurden sie geschlachtet, sozusagen als „Frischfleischreserve".
Schildkröten können lange Zeit ohne Nahrung und Wasser auskommen.

Der Galapagos-Archipel besteht aus vielen kleinen, acht mittleren und fünf größeren Inseln, von denen die Inseln Isabela, San Cristóbal, Floreana und Santa Cruz bewohnt sind.
Auf der Insel Baltra gibt es keine Wohnbevölkerung, aber einen Militärstützpunkt, in dem 400 Soldaten und Angehörige der Küstenwache mit ihren Angehörigen wohnen.

Vorab sei erwähnt, dass sich auf der Insel Santa Cruz „Charles-Darwin-Forschungsstation" befindet.

Auf den Galapagos-Inseln leben und arbeiten etwa 18.000 Menschen.

Der Name „Galapagos" kommt aus dem Spanischen und heißt übersetzt „Schildkröten".

Über die Entstehung der Galapagos-Inseln gibt es verschiedene Versionen.
Eine der Versionen besagt, dass sich der Archipel bei einem riesigen Vulkanausbruch aus dem Pazifischen Ozean erhoben hat und eine geschlossene Vulkaninsel mit einem Durchmesser von 3.000 Kilometer war. Dies geschah vor etwa 20 Millionen Jahren.

Ein Plateau, das langsam absackte und nur die heutige Inselwelt übrig ließ.
Ob diese Version zutrifft, darüber streitet wohl die Wissenschaft.
Sie interpretiert dies wie folgt: „Das Wissen von heute ist der Irrtum von morgen."

Dass sich auf Galapagos überhaupt Leben entwickelt hat, grenzt an ein Wunder.

Um diese einmalige Welt zu schützen, ist der rund 8.000 Quadratkilometer große Archipel zum Nationalpark erklärt worden – und das auch für die Unterwasserwelt.

Um die auf jeder Insel verschiedene Pflanzen- und Tierwelt in ihrer natürlichen Entwicklung nicht zu stören, werden im Wechsel je sieben Inseln für Besucher freigegeben, wobei Führungen durch Mitarbeiter des Nationalparks oder von fachbezogenen Studenten der Universität Quito erfolgen.

Wesentliche Vorschriften sind:

- *Pflanzen, Samen, Zweige und Tiere dürfen nicht berührt oder gar abgerissen oder mitgenommen werden.Das hat den Sinn, den ökologischen Prozess und das Gleichgewicht keineswegs zu stören.*
- *Bevor man eine Insel betritt, ist das Schuhwerk zu prüfen, ob an der Schuhsohle Pflanzenreste einer anderen Insel haften. Das mag übertrieben wirken, hat aber den Sinn, die ganz spezielle Flora und Fauna der neuen Insel nicht zu beeinflussen.*
- *Keine Nahrungsmittel mitnehmen; dies gilt auch für unbewohnte Inseln.*
- *Tiere dürfen nicht gefüttert werden, auch wenn sie zahm sind.*
- *Die gekennzeichneten Pfade dürfen nicht verlassen werden, damit keine Brutplätze (ungewollt) zertrampelt werden oder Vögel beim Nisten gestört werden.*
- *Abfälle sind nicht vom Boot ins Meer zu werfen.*
- *Die Unsitte, sich an Felswänden zu „verewigen", um zu zeigen, dass man bereits auf Galapagos war, ist verboten.*

Der Mensch ist, im ganzen Prozess das „unbekannte Wesen", aber auch das gefährlichste Lebewesen.

Im Jahr 1958 setzten Fischer auf der Insel Pinta drei Ziegen aus. „Nur" zehn Jahre später zählte man 5.000 Ziegen.
Man setzte Schweine aus, die verwildern durften, auch Katzen und Hunde.

Eingeschleppte Ratten, die die bebrüteten Eier auslutschen und dazu die Vögel fressen.

Alles Tiere, die sich nicht auf Galapagos entwickelten, aber der zutraulichen einheimischen Tierwelt mehr als gefährlich werden.

Die auf Galapagos spezielle Entwicklung der Fauna und Flora ging aus Lava, Dämpfen und Wasser hervor.

Vergleichsweise eine ähnliche Entwicklung scheint vor einigen Jahrzehnten vor Island entstanden zu sein, als aus dem Meer – durch einen Vulkanausbruch – die Vulkaninsel Surtsey entstand.

Bereits nach fünf Jahren zeigten sich die ersten Pflanzen und Brutvögel.

Um den Prozess auf der Insel nicht zu stören, dürfen nur Wissenschaftler mit einem Spezialauftrag die Vulkaninsel betreten.

Zurück nach Galapagos.

Obwohl Galapagos knapp unterhalb des Äquators liegt, ist das Klima nicht feucht, sondern trocken. Das kommt durch kalte und warme Meeresströmungen, die hier zusammentreffen.

Ohne den kalten Humboldtstrom aus der Antarktis (Südpol) und den warmen El Niño aus dem Westpazifik wäre aller Wahrscheinlichkeit nach diese pazifische Tier- und Pflanzenwelt nicht entstanden, wie z.B. Meeresechsen, Landleguane, Riesenschildkröten und Pinguine.

Der Einfluss des Humboldtstroms und des El Niño verhinderte in diesem Bereich die Entstehung von Korallenriffen.

Mit dem kalten Humboldtstrom kam aus der Antarktis Plankton, und mit dem Plankton wuchs der Fischreichtum.
Entsprechend groß ist die Anzahl an Seevögeln.

Die Pflanzenwelt wiederum passte sich der Trockenheit an, so dass Kakteen von 10 Meter Höhe wachsen.

Egal, zu welcher Galapagos-Insel man auch kommt, an jedem Fels-Ufer sieht man die knallrot leuchtenden Klippenkrabben – mal mehr, mal weniger.

Bei Flut verkriechen sich die Tierchen in den Felsspalten, bei Ebbe kommen sie in Scharen hervor, um mit ihren Scheren die Felsoberflächen nach organischen Stoffen abzusuchen.

Bootsfahrten zwischen den Inseln sind länger, als man vermutet.

Auf dem Boot sind wir mit neun Personen.
Schlafstellen in Nischenform, der Kapitän kocht.
Das ist unser „Zuhause" auf See.

Froh, wenn nachts der Wellengang des Pazifischen Ozeans normal ist. Schon bei einem Wellengang der Stärke 3 oder 4 schaukelt das Boot ganz kräftig.

In der Nacht fährt man, und tagsüber befindet man sich auf einer der freigegebenen Inseln.

# Schreck in der Morgenstunde

Ruhige See, herrlicher Sonnenschein.
Schildkröten, die an der Wasseroberfläche schwimmen, als wollten sie sich „sonnen".

Der Sonnenschein und die glatte See verführen auch uns, ein Bad im Pazifik zu nehmen.
Alles scheint friedlich zu sein, als ganz plötzlich ein Seelöwe auftaucht, mich mit starrem Blick anguckt – Auge in Auge - und blitzschnell wegtaucht.

Sofort war das „Morgenbad" beendet.
Wie sagt man im Rheinland: Es ist „noch mal jotjegange".

Die gegensätzlichen Meeresströmungen haben neue Lebensräume geschaffen.
Zum Beispiel für Pinguine, die in ausgetrockneten Lavahöhlen nisten.

Landechsen, die sich zu Meeresechsen entwickelten.
Sie leben nur am oder im Wasser.

Umgekehrt Landechsen, die nie ins Wasser gehen.

Kormorane, die das Fliegen verlernten.

Die Vogelwelt ist farbig.

Auffallend ist der männliche Fregattvogel mit seinem Gehabe.

Um auf sich aufmerksam zu machen, bläst er seinen roten Kehlkopfsack derart auf, dass der ganze Vogel dahinter zu verschwinden scheint.

Ein ganz kräftiges Rot, das man von Weitem sieht.

Der Vogel ist nicht zu übersehen!

Der Fregattvogel hat etwa die Größe eines Huhns, ist aber ein brillanter Flieger.

Schon der geringste Aufwind genügt ihm, um in die Luft zu schweben.

Seine Flügelspannweite beträgt 2,30 Meter.

Flugeigenschaften, die ihren Grund im luftgefüllten Knochengerüst haben.

Der Blaufußtölpel ist voller Unruhe, denn er hüpft von einem auf den anderen Fuß.

Seinen Namen verdankt er seinen blauen Füßen und seiner scheinbaren Ungeschicklichkeit (Tölpel = Tollpatsch); der Blaufußtölpel ist allerdings ein gewandter Flieger und Taucher beim Beutefang.

Hochinteressant ist das Familienleben der Seelöwen, die am Strand liegen, als würden sie sich sonnen wollen.

Der Seelöwenbulle ist bis zu 2,50 Meter lang und wiegt bis zu 300 Kilogramm.

Zu seinem „Familien-Clan" zählen etwa 5 bis 20 Weibchen, die er um sich schart.

Die Weibchen sind bedeutend kleiner und wiegen mit 90 Kilogramm viel weniger als der Bulle.

Er sitzt halb aufrecht, wie auf einem Thron, und beobachtet sein „Hoheitsgebiet", in dem die Weibchen am Sandstrand dösen und die Kleinen spielen.

Jeder fremde Bulle, der in sein Territorium eindringen will, wird mit Gewalt vertrieben.

Es kommt auch zu heftigen Kämpfen und Verletzungen.

Narben, die jeden Bullen „zieren".

Vorsicht ist geboten, denn der Bulle hält den Menschen für einen Nebenbuhler.

Die Tragezeit der Weibchen beträgt elf Monate, also fast ein ganzes Jahr. Entsprechend der langen „Schwangerschaft" ist der Nachwuchs bereits weit entwickelt.

Er kann nach einem Tag sehen und nach zwei bis drei Tagen schwimmen.

Den „Schwimmunterricht" erteilt die Mutter.

Das Weibchen hat es nach der Geburt eilig, sich schnell wieder zu paaren. Schnell ist sie erneut trächtig.

Während die ganze Seelöwen-Familie am Strand liegt und döst, sind die Kleinen quicklebendig.

Neugierig robben sie zu uns und schnuppern mit ihrer Stupsnase an unseren Füßen.

Sie lassen sich gerne streicheln, sind zutraulich.

Man spricht auch vom „Kindergarten" der Seelöwen.

Gefällt einem Bullen etwas nicht, brummt er mit heiserer Stimme; eine Art „Sprache", um sich zu verständigen.

## Meeresechsen – wie Urzeitwesen

Horniger Kopf mit stacheligem Kamm (Punker-Haarschnitt?), störrischer Blick, eingefurchte Gesichtsfalten.
Tiere, als stammten sie aus der Zeit der Dinosaurier.
Sie sehen furchterregend aus, sind aber nicht aggressiv.

## „Eile mit Weile" mit einer Landschildkröte

Wittern Schildkröten eine Gefahr, verkriechen sie sich im Zeitlupentempo unter ihren Panzer.

Um den vermeintlichen Gegner vom Angriff abzuhalten, zischen sie ganz kräftig.
Ihren massigen Körper bringen sie nach und nach unter den schützenden Panzer.
Kopf und Hals werden eingezogen, die klobigen Beine zum Schluss.

Ist die Gefahr vorbei, stemmt die Schildkröte ihre stämmigen Beine hoch, der Panzer zieht sich langsam zurück.

# Schildkröte mit Weltruhm

Eine Schildkröte hat es zu Weltruhm gebracht: Lonesome George.
Die einzige ihrer Art, die es noch gab.

Man versuchte alles, dem männlichen Tier artverwandte Weibchen „anzubieten", um sich fortzupflanzen. Aber er reagierte nicht.
Er konnte oder wollte nicht mehr ...

# Charles Darwin

Richtig bekannt wurde Galapagos durch den englischen Forscher Charles Darwin, der 1835 auf der „Beagle" hierhin kam.

Seine ersten Eindruck von Galapagos formulierte er so:
„Der freundliche Teil der Hölle."
Darwin war überrascht, dass es hier Leben gab.

Lebewesen, die nicht über eine Landbrücke gekommen sind, sondern rein zufällig diesen abstoßenden Lebensraum durch Meeresströmungen erreichten.

Charles Darwin forschte nun speziell auf den Galapagos-Inseln, in dieser außergewöhnlichen Tier- und Pflanzenwelt.

Er fand hier die Bausteine für seine Evolutionstheorie, dass sich die Erde in einem Prozess von 4,6 Milliarden Jahren entwickelt hat. Damit stellte er das bis dahin bestehende Weltbild infrage, dass die Erde von Gott geschaffen wurde.

Eine Welt, die vor 4,6 Milliarden Jahren überwiegend aus einer Lavamasse bestand und aus der letztendlich das Leben entstanden ist, und zwar unter den extremsten Bedingungen.

Publik machte er seine „Evolutionstheorie" im Mitteilungsblatt „Origin of Species".

Charles Darwin stellte das Weltbild infrage und sah sich großen Anfeindungen gegenüber.

Auf der Insel Santa Cruz entstand die „Charles-Darwin-Forschungsstation", in der heute im Schnitt 50 Wissenschaftler forschen.

Santa Cruz mit dem beschaulichen Hauptort Puerto Ayora ist beschaulich. Kleine Geschäfte, Cafés und eine Kirche.

Fischerboote in der Lagune, in denen Seelöwen faulenzen.

Mit den Galapagosinseln verlasse ich eine magische Welt, und zwar auf der Erde und nicht auf einem anderen Planeten.

Oben und Unten links: Landschildkröte oder auch Tortoise genannt
Unten rechts: Braunpelikan

Oben: Seelöwe
Unten: Fregattvögel

Oben: Ein Leguan genießt die Sonne
Unten: Blaufußtölpel

Oben: Der Autor besucht die Seelöwen
Unten: Der Autor betrachtet handzahme Echsen

# Bisher sind (teilweise auch als E-Book) in der Reihe „Vom Nordpol bis zum Südpol" erschienen:

ISBN: 978-3-8334-0587-7

ISBN: 978-3-8334-3161-6

ISBN: 978-3-8334-5431-8

ISBN: 978-3-8370-4804-9

Siggi Sawall

*Von Wassersuppe in die Karibik*

Reiseerlebnisse eines
Globetrotters

ISBN: 978-3-8391-0082-0

Siggi Sawall

Im Laufschritt
durch Europa

ISBN: 978-3-8423-7633-5

SIGGI SAWALL
50.000 KILOMETER
UNTER
HAMMER UND SICHEL

Kamtschatka

Lena

Transsib

GUS-Staaten

Kaukasus

Armenien

Kiew

Moskau

St. Petersburg

ISBN: 978-3-7322-8359-0

Kreuz und Quer

Hindukusch Afghanistan

Iran Saudi Arabien

Irak Verein. N. Emirate

Jordanien Oman

Syrien Jemen

Libanon Israel-Palästina

Vorderasien

Siggi Sawall

ISBN: 978-3-7347-5031-1

**Siggi Sawall**

**Vom Dach der Welt**

Teil 1:
Nepal, Bangladesch, Pakistan, Indien

ISBN: 978-3-7322-4604-5

**Siggi Sawall**

**Vom Dach der Welt**

Teil 2:
Tibet, China, Nordkorea, Mongolei

ISBN: 978-3-7412-4044-7

**Siggi Sawall**

**Lächeln überall ...**

Eine Exkursion durch Indochina

ISBN: 978-3-7412-6325-5

**Siggi Sawall**

Asien

Von Traum zu Traum

ISBN: 978-3-7431-1164-6

ISBN: 978-3-7448-0956-6

ISBN: 978-3-7494-2915-8

ISBN: 978-3-7519-0538-1

# Außerhalb der Serie erschienene Bücher:

ISBN: 978-3-8391-2488-8

ISBN: 978-3-8448-0450-8

ISBN: 978-3-8482-2421-0

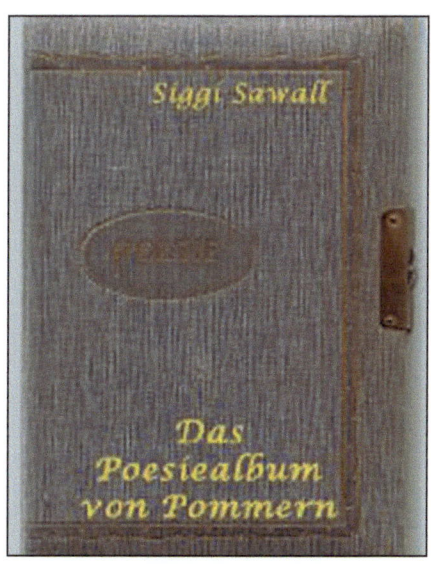

ISBN: 978-3-8482-6727-9